A INTELIGÊNCIA ARTIFICIAL VAI MUDAR O MUNDO NA VISÃO DA IA

By Lucas Lima

Como a Inteligência Artificial vai Mudar o Mundo: A Visão de uma IA

Este livro teve como principal contribuinte o CHAT GPT, as opinião aqui emitidas são dessa inteligência artificial fantástica que mudou o jeito de criar e ver as coisas na internet, você não vai se arrepender de ver as visões do Chat sobre os mais diversos aspectos da inteligência artificial nos tempos atuais.

Boa leitura!

Introdução

O que é inteligência?

A inteligência é um conceito complexo e multifacetado que tem sido definido de várias maneiras ao longo do tempo. De forma geral, a inteligência pode ser entendida como a capacidade de adquirir e aplicar conhecimentos e habilidades. As definições de inteligência variam entre diferentes campos de estudo, como psicologia, neurociência e ciência da computação.

 - Definições e tipos de inteligência.

Definições de Inteligência:

Psicológica: A American Psychological Association (APA) define a inteligência como a capacidade de entender ideias complexas, de se adaptar efetivamente ao ambiente, de aprender com a experiência, de engajar em várias formas de raciocínio e de superar obstáculos por meio do pensamento ["].

Neurocientífica: No campo da neurociência, a inteligência é muitas vezes relacionada à eficiência e conectividade das redes neurais no cérebro, influenciando a capacidade de processar informações e tomar decisões rápidas e precisas. Artificial: Na ciência da computação, especialmente no contexto da inteligência artificial (IA), a inteligência é definida pela capacidade de um sistema computacional de realizar tarefas que normalmente requerem inteligência humana, como reconhecimento de padrões, aprendizado e adaptação ["].

Tipos de Inteligência:i

Inteligência Lógica-Matemática: Relacionada à capacidade de raciocínio lógico e resolução de problemas matemáticos. É frequentemente associada a cientistas e matemáticos. Inteligência.

Linguística: Capacidade de usar a linguagem de maneira eficaz, tanto verbalmente quanto por escrito. Escritores e oradores geralmente possuem alta inteligência linguística.

Inteligência Espacial: Habilidade de visualizar e manipular objetos e formas no espaço. É comum em arquitetos e artistas visuais.

Inteligência Musical: Capacidade de entender, criar e apreciar música e padrões sonoros. Músicos e compositores demonstram alta inteligência musical.

Inteligência Corporal-Cinestésica: Aptidão para usar o corpo de maneira habilidosa para expressão ou solução de problemas. Atletas e dançarinos exemplificam esse tipo de inteligência.

Inteligência Interpessoal: Capacidade de entender e interagir eficazmente com outras pessoas. Profissionais de áreas como vendas e ensino geralmente possuem alta inteligência interpessoal.

Inteligência Intrapessoal: Conhecimento e compreensão de si mesmo, incluindo os próprios sentimentos e motivações. É comum em filósofos e psicólogos.

Inteligência Naturalista: Capacidade de reconhecer e categorizar objetos e fenômenos na natureza. Biólogos e ambientalistas frequentemente demonstram essa inteligência.

- Diferenças e semelhanças entre IA e inteligência humana.

Diferenças

Origem e Composição:

- Humana: A inteligência humana é produto de milhões de anos de evolução biológica e está enraizada na complexidade do cérebro humano.
- Artificial: A IA é projetada e desenvolvida por humanos usando algoritmos e sistemas computacionais. Não possui base biológica.

Flexibilidade e Adaptação:

- Humana: A inteligência humana é altamente flexível e adaptativa, capaz de aprender e aplicar conhecimento em uma ampla variedade de contextos e situações.

- Artificial: A IA, especialmente as mais especializadas, é geralmente projetada para realizar tarefas específicas. Embora existam IAs gerais, elas ainda não alcançam a adaptabilidade humana.

Consciência e Emoção:

- Humana: Os humanos possuem consciência, emoções e experiências subjetivas que influenciam o raciocínio e a tomada de decisão.
- Artificial: A IA não possui consciência ou emoções. Suas decisões são baseadas em dados e algoritmos sem experiência subjetiva.

Semelhanças Processamento de Informação:

Tanto a inteligência humana quanto a artificial envolvem o processamento de informações para tomar decisões e resolver problemas. Ambas podem aprender com dados e experiências (embora de maneiras diferentes).

Aprendizado:

- Humana: Os humanos aprendem através da experiência, educação e interação social.
- Artificial: A IA aprende a partir de grandes volumes de dados usando técnicas como aprendizado supervisionado, não supervisionado e por reforço.

Reconhecimento de Padrões:

- Humana: A capacidade humana de reconhecer padrões é crucial para tarefas como linguagem, visão e resolução de problemas.
- Artificial: A IA é altamente eficiente em reconhecer padrões em grandes conjuntos de dados, superando os humanos em precisão e velocidade em muitas tarefas específicas. A evolução e o desenvolvimento da IA continuam a avançar, e as interações entre inteligência humana e artificial estão cada vez mais integradas, levando a um futuro de possibilidades mistas e colaborativas.

Capítulo 1: Revolução na Indústria e Economia

- Automação e produtividade

A inteligência artificial (IA) está transformando a indústria e a economia de maneira profunda, impulsionando a automação e a produtividade. Esta transformação é marcada por avanços tecnológicos que permitem que máquinas realizem tarefas complexas com eficiência e precisão.

- O impacto da IA na manufatura e produção.

Automação de Processos: A automação de processos industriais é uma das áreas onde a IA tem tido um impacto significativo. Sistemas de IA são usados para controlar robôs industriais, que podem realizar tarefas como montagem, soldagem e pintura com alta precisão. Isso não só aumenta a produtividade, mas também reduz erros e custos operacionais [''].

Manutenção Preditiva: A manutenção preditiva, habilitada pela IA, utiliza dados de sensores em equipamentos para prever falhas antes que elas ocorram. Isso minimiza o tempo de inatividade não planejado e prolonga a vida útil das máquinas, resultando em economia significativa para as empresas [''].

Customização em Massa: A IA permite a customização em massa, onde produtos podem ser personalizados para atender às necessidades individuais dos clientes sem comprometer a eficiência da produção. Isso é alcançado através do uso de algoritmos de aprendizado de máquina que analisam dados de clientes e ajustam os processos de produção em tempo real [''].

- Exemplos de automação em diferentes setores.

Automotivo: No setor automotivo, a IA é usada para desenvolver veículos autônomos que podem dirigir com pouca ou nenhuma intervenção humana. Empresas como Tesla, Waymo e Uber estão na vanguarda dessa revolução [''] [''].

Agricultura: Na agricultura, a IA está sendo usada para melhorar a produtividade e eficiência através de tecnologias como drones, sensores de solo e algoritmos de aprendizado de máquina que otimizam a irrigação e o uso de fertilizantes [''] [''].

Serviços de Atendimento ao Cliente: Chatbots e assistentes virtuais, alimentados por IA, estão transformando o atendimento ao cliente ao fornecer suporte instantâneo e personalizado, reduzindo a necessidade de intervenção humana [''] [''].

- Economia digital

A economia digital está sendo reconfigurada pela IA, que está criando novas oportunidades e desafios em vários setores.

- O papel da IA no e-commerce e serviços financeiros.

Personalização e Recomendação: No e-commerce, a IA é usada para personalizar a experiência do usuário e oferecer recomendações de produtos baseadas em comportamentos de compra e preferências anteriores. Plataformas como Amazon e Alibaba utilizam algoritmos de aprendizado de máquina para aumentar as vendas e melhorar a satisfação do cliente ["].

Análise de Dados Financeiros: No setor financeiro, a IA é usada para analisar grandes volumes de dados financeiros, identificar padrões e prever tendências de mercado. Isso permite decisões de investimento mais informadas e gestão de risco mais eficaz ["].

Detecção de Fraude: A IA também desempenha um papel crucial na detecção de fraude, monitorando transações em tempo real para identificar atividades suspeitas e prevenir perdas financeiras ["].

- Criptomoedas e transações automatizadas.

Criptomoedas: A IA está sendo usada para melhorar a segurança e eficiência das criptomoedas, como Bitcoin e Ethereum. Algoritmos de aprendizado de máquina são utilizados para prever flutuações de preços e otimizar estratégias de negociação ["] ["].

Contratos Inteligentes: Os contratos inteligentes, habilitados por IA e blockchain, permitem a execução automática de acordos quando certas condições são atendidas, eliminando a necessidade de intermediários e reduzindo custos ["].

A revolução da IA na indústria e economia está apenas começando. À medida que a tecnologia continua a avançar, espera-se que a IA transforme ainda mais setores, criando novas oportunidades e desafios. Empresas e governos precisam se preparar para essa mudança, investindo em inovação, educação e políticas que promovam o uso ético e eficaz da IA.

Capítulo 2: Transformação na Educação

A inteligência artificial (IA) está reformulando o panorama educacional, trazendo mudanças significativas que prometem revolucionar a maneira como aprendemos e ensinamos. Este capítulo examina como a IA está sendo usada para personalizar o aprendizado e tornar a educação mais acessível a todos.

- Aprendizado personalizado

A personalização do aprendizado é uma das áreas mais promissoras onde a IA pode ter um impacto profundo. Tradicionalmente, a educação tem seguido um modelo de tamanho único para todos, onde todos os alunos recebem a mesma instrução, independentemente de suas necessidades individuais. A IA tem o potencial de mudar isso ao fornecer experiências de aprendizado adaptativas que se ajustam ao ritmo e estilo de aprendizado de cada aluno.

- Como a IA pode criar currículos adaptativos.

- **Algoritmos de Aprendizado de Máquina**: A IA utiliza algoritmos de aprendizado de máquina para analisar os dados de desempenho dos alunos e identificar padrões. Esses algoritmos podem determinar as áreas onde os alunos estão se destacando e onde estão tendo dificuldades. Com base nessa análise, a IA pode ajustar o currículo para focar mais nas áreas que precisam de melhoria, garantindo que cada aluno receba a atenção necessária para progredir [["]](https://www.barnesandnoble.com/b/the-new-york-times-bestsellers/_/N-1p3n).

- **Plataformas de Aprendizado Adaptativo**: Existem várias plataformas de aprendizado adaptativo que usam IA para personalizar a educação. Por exemplo, o DreamBox Learning, uma plataforma de matemática, adapta as lições de acordo com o desempenho dos alunos, oferecendo um caminho de aprendizado individualizado. O Duolingo, uma plataforma de aprendizado de idiomas, ajusta as lições com base no progresso e nas dificuldades dos usuários [["]](https://www.overdrive.com/collections/11016/new-york-times-bestsellers) .

- Exemplos de plataformas educacionais baseadas em IA.

- **Knewton**: Knewton é uma plataforma de aprendizado adaptativo que personaliza o conteúdo educativo com base nas necessidades individuais dos alunos. Utiliza IA para analisar os dados de aprendizado e adaptar as lições em tempo real, proporcionando uma experiência de aprendizado mais eficaz .

- **Smart Sparrow**: Smart Sparrow oferece uma plataforma de ensino adaptativo que permite aos educadores criar experiências de aprendizado interativas e personalizadas. A IA ajuda a monitorar o progresso dos alunos e ajustar o conteúdo para atender às suas necessidades específicas .

- Educação acessível

A IA também está desempenhando um papel crucial na democratização da educação, tornando-a mais acessível a pessoas em todo o mundo. Isso é especialmente importante para comunidades carentes e regiões onde os recursos educacionais são limitados.

- Democratização do conhecimento através da IA.

- **Cursos Online Abertos e Massivos (MOOCs):** Plataformas como Coursera, edX e Khan Academy oferecem cursos online acessíveis a qualquer pessoa com uma conexão à internet. Essas plataformas utilizam IA para fornecer recomendações de cursos personalizados e suporte ao aprendizado, ajudando os alunos a seguir um caminho de aprendizado que atenda aos seus interesses e necessidades .

- **Tradução Automática**: A IA está sendo usada para traduzir conteúdos educativos para vários idiomas, aumentando o alcance e a acessibilidade do conhecimento. Ferramentas como o Google Translate utilizam algoritmos de IA para fornecer traduções precisas e em tempo real, facilitando o acesso ao conhecimento global .

- Iniciativas globais para educação inclusiva.

- **Pratham**: Pratham é uma organização não governamental na Índia que usa tecnologias baseadas em IA para melhorar a alfabetização e a aritmética em crianças. Eles desenvolvem conteúdos educativos que são distribuídos através de dispositivos móveis e plataformas online, alcançando crianças em áreas rurais e comunidades marginalizadas .

- **One Laptop per Child (OLPC):** O programa OLPC visa fornecer laptops educacionais a crianças em países em desenvolvimento. Esses dispositivos são equipados com software baseado em IA que personaliza o aprendizado e fornece feedback imediato, ajudando as crianças a aprender de forma mais eficaz e independente .

- **Considerações Finais**

A integração da IA na educação tem o potencial de transformar radicalmente a forma como aprendemos e ensinamos. Ao personalizar o aprendizado e tornar a educação mais acessível, a IA pode ajudar a fechar lacunas educacionais e oferecer oportunidades equitativas de aprendizado a pessoas em todo o mundo. No entanto, é crucial garantir que a implementação dessas tecnologias seja ética e inclusiva, para que todos possam se beneficiar dos avanços da IA na educação.

Capítulo 3: Saúde e Medicina

A inteligência artificial (IA) está revolucionando o campo da saúde e medicina, trazendo avanços significativos em diagnósticos, tratamentos e cuidados de saúde. Este capítulo examina como a IA está sendo aplicada para melhorar a precisão dos diagnósticos, personalizar tratamentos e automatizar tarefas hospitalares, bem como os desafios éticos que surgem com essas tecnologias.

- Diagnósticos e tratamentos

A IA tem o potencial de transformar os diagnósticos médicos e os tratamentos, tornando-os mais precisos, rápidos e personalizados.

- O uso da IA na detecção precoce de doenças.

  - **Diagnósticos por Imagem:** A IA está sendo amplamente utilizada na análise de imagens médicas, como raios-X, tomografias computadorizadas (TC) e ressonâncias magnéticas (RM). Algoritmos de aprendizado de máquina são capazes de detectar anomalias com alta precisão, muitas vezes superando a capacidade dos radiologistas humanos. Por exemplo, a IA pode identificar sinais precoces de câncer de mama em mamografias, levando a diagnósticos mais precoces e tratamentos mais eficazes [["]](https://www.barnesandnoble.com/b/the-new-york-times-bestsellers/_/N-1p3n).

  - **Análise de Dados Genômicos**: A IA está sendo usada para analisar dados genômicos complexos, identificando mutações e variantes genéticas associadas a diversas doenças. Isso permite diagnósticos mais precisos e o desenvolvimento de terapias personalizadas baseadas no perfil genético do paciente [["]](https://www.overdrive.com/collections/11016/new-york-times-bestsellers).

- Terapias personalizadas e medicina de precisão.

  - **Tratamentos Baseados em Dados:** A medicina de precisão envolve o uso de dados de saúde de indivíduos, como informações genéticas, ambientais e de estilo de vida, para desenvolver tratamentos personalizados. A IA facilita a análise desses dados complexos, ajudando a identificar as terapias mais eficazes para cada paciente. Por exemplo, no tratamento do câncer, a IA pode ajudar a selecionar medicamentos específicos que serão mais eficazes com base nas características moleculares do tumor do paciente [["]](https://www.overdrive.com/collections/11016/new-york-times-bestsellers).

  - **Modelagem de Doenças:** A IA também está sendo usada para modelar o progresso de doenças e prever a resposta dos pacientes a diferentes tratamentos. Isso permite ajustes dinâmicos nos planos de tratamento, melhorando os resultados e reduzindo efeitos colaterais [["]](https://www.barnesandnoble.com/b/the-new-york-times-bestsellers/_/N-1p3n).

- Robôs e assistentes de saúde

Os robôs e assistentes de saúde baseados em IA estão desempenhando um papel crescente no apoio aos cuidados médicos e no aumento da eficiência dos sistemas de saúde.

- A automação de tarefas hospitalares.

  - **Robôs Cirúrgicos**: Os robôs cirúrgicos, como o da Vinci Surgical System, permitem cirurgias minimamente invasivas com alta precisão. Esses sistemas são controlados por cirurgiões, mas utilizam IA para melhorar a estabilidade e precisão dos movimentos, reduzindo o risco de erros e acelerando a recuperação dos pacientes [["]](https://www.overdrive.com/collections/11016/new-york-times-bestsellers).

  - **Gestão de Estoques e Logística:** Em hospitais, a IA está sendo usada para otimizar a gestão de estoques de medicamentos e suprimentos médicos, garantindo que os materiais estejam disponíveis quando necessário e reduzindo o desperdício. Além disso, robôs autônomos são utilizados para transportar suprimentos dentro das instalações, liberando os profissionais de saúde para focarem no atendimento aos pacientes [["]](https://www.barnesandnoble.com/b/the-new-york-times-bestsellers/_/N-1p3n).

- Robôs cuidadores e sua aceitação social.

  - **Assistentes de Cuidados**: Robôs cuidadores, como o Robear no Japão, são projetados para ajudar no cuidado de idosos e pessoas com mobilidade limitada. Eles podem realizar tarefas como levantar pacientes da cama e ajudar na reabilitação física. Esses robôs não apenas aumentam a eficiência dos cuidados, mas também reduzem a carga sobre os cuidadores humanos [["]](https://www.barnesandnoble.com/b/the-new-york-times-bestsellers/_/N-1p3n) [["]](https://www.overdrive.com/collections/11016/new-york-times-bestsellers).

  - **Interação e Companheirismo**: Além de assistência física, alguns robôs são desenvolvidos para fornecer companheirismo a pacientes, especialmente aqueles que sofrem de solidão ou demência. Robôs como o Paro, um robô-foca terapêutico, interagem com os pacientes, proporcionando conforto emocional e melhorando seu bem-estar [["]](https://www.barnesandnoble.com/b/the-new-york-times-bestsellers/_/N-1p3n).

Desafios Éticos e Considerações Futuras

Embora a IA tenha um potencial transformador na saúde, sua implementação levanta vários desafios éticos que precisam ser abordados.

1. Privacidade e Segurança de Dados

  - **Proteção de Dados Sensíveis**: A utilização de IA na saúde envolve a coleta e análise de grandes volumes de dados pessoais e sensíveis. É crucial garantir que esses dados sejam protegidos contra violações de segurança e uso indevido. Regulamentações como o GDPR na Europa e a HIPAA nos EUA estabelecem diretrizes para a proteção de dados, mas a rápida evolução da IA requer atualizações constantes dessas políticas [["]](https://www.barnesandnoble.com/b/the-new-york-times-bestsellers/_/N-1p3n).

2. Transparência e Equidade

   - **Tomada de Decisões Transparente**: Os algoritmos de IA devem ser transparentes e explicáveis, especialmente quando usados em decisões críticas de saúde. Pacientes e profissionais de saúde precisam entender como as decisões são tomadas para confiar na tecnologia e garantir que as decisões sejam justas e imparciais [["]](https://www.overdrive.com/collections/11016/new-york-times-bestsellers).

   - **Equidade no Acesso**: A implementação de IA em saúde deve garantir que os benefícios sejam distribuídos equitativamente, evitando que populações vulneráveis sejam deixadas para trás. Iniciativas de inclusão digital e investimentos em infraestrutura de saúde em regiões carentes são essenciais para alcançar esse objetivo [["]](https://www.barnesandnoble.com/b/the-new-york-times-bestsellers/_/N-1p3n).

A integração da IA na saúde e medicina promete melhorar significativamente a precisão dos diagnósticos, a personalização dos tratamentos e a eficiência dos cuidados, mas deve ser acompanhada por uma abordagem ética robusta para garantir que os avanços beneficiem a todos de maneira justa e segura.

Capítulo 4: Mudanças na Vida Cotidiana

A inteligência artificial (IA) está se tornando uma presença cada vez mais comum em nossas vidas cotidianas, impactando a forma como interagimos, nos movemos, nos comunicamos e até nos divertimos. Este capítulo explora as diversas aplicações da IA no dia a dia, desde assistentes virtuais até carros autônomos, e como essas tecnologias estão moldando o futuro.

- Assistentes pessoais inteligentes

Os assistentes virtuais são uma das manifestações mais visíveis da IA em nosso cotidiano. Eles ajudam em uma ampla gama de tarefas, tornando nossas vidas mais convenientes e eficientes.

1. Funcionamento dos Assistentes Virtuais

- **Processamento de Linguagem Natural (PLN):** Assistentes virtuais como Siri, Alexa e Google Assistant utilizam algoritmos avançados de PLN para entender e responder a comandos de voz. Isso envolve a decodificação da fala humana em texto, a compreensão do contexto e a geração de respostas apropriadas.

- **Aprendizado Contínuo**: Esses assistentes usam aprendizado de máquina para melhorar suas respostas ao longo do tempo. Eles aprendem com as interações dos usuários, ajustando suas respostas e funcionalidades para melhor atender às necessidades individuais [["]](https://www.barnesandnoble.com/b/the-new-york-times-bestsellers/_/N-1p3n).

2. Exemplos e Casos de Uso

- **Domótica**: Assistentes virtuais são amplamente utilizados em casas inteligentes para controlar dispositivos como luzes, termostatos, fechaduras e aparelhos domésticos. Por exemplo, você pode pedir à Alexa para ajustar a temperatura do termostato ou apagar as luzes de um quarto específico [["]](https://www.overdrive.com/collections/11016/new-york-times-bestsellers).

- **Gerenciamento de Tarefas**: Eles também ajudam no gerenciamento de tarefas diárias, como definir lembretes, enviar mensagens, fazer chamadas e criar listas de compras. O Google Assistant pode, por exemplo, agendar compromissos no seu calendário ou enviar mensagens de texto ditadas por você [["]](https://www.overdrive.com/collections/11016/new-york-times-bestsellers).

- Mobilidade e transporte

A IA está revolucionando a maneira como nos movemos, trazendo inovações significativas no transporte pessoal e público.

- Veículos autônomos e o impacto no transporte público.

- **Tecnologia de Sensores e IA**: Carros autônomos utilizam uma combinação de sensores (como LIDAR, câmeras e radares) e algoritmos de IA para navegar com segurança. Esses veículos são capazes de detectar obstáculos, seguir rotas predefinidas e reagir a mudanças no ambiente em tempo real [["]](https://www.overdrive.com/collections/11016/new-york-times-bestsellers).

- **Desafios e Benefícios**: Embora a tecnologia esteja avançando rapidamente, ainda há desafios significativos a serem superados, como a segurança em todas as condições de trânsito e clima. No entanto, os benefícios potenciais são enormes, incluindo a redução de acidentes causados por erro humano, maior eficiência no uso de combustível e menor congestionamento nas cidades

[["]](https://www.barnesandnoble.com/b/the-new-york-times-bestsellers/_/N-1p3n)

[["]](https://www.overdrive.com/collections/11016/new-york-times-bestsellers).

- Cidades inteligentes e infraestrutura conectada.

A IA está sendo usada para otimizar rotas de ônibus e trens, melhorando a eficiência do transporte público e reduzindo os tempos de espera. Algoritmos de aprendizado de máquina analisam dados de tráfego em tempo real para ajustar horários e rotas conforme necessário [["]](https://www.barnesandnoble.com/b/the-new-york-times-bestsellers/_/N-1p3n).

- **Sistemas de Bilhetagem Inteligente**: Em algumas cidades, sistemas de bilhetagem inteligente utilizam IA para prever a demanda de passageiros e ajustar dinamicamente os preços das tarifas, incentivando a distribuição equilibrada do uso do transporte ao longo do dia [["]](https://www.overdrive.com/collections/11016/new-york-times-bestsellers).

Entretenimento e Mídia

A IA está transformando o setor de entretenimento e mídia, desde a criação de conteúdos personalizados até a produção de novas formas de arte e interatividade.

1. Recomendações Personalizadas

- **Serviços de Streaming**: Plataformas de streaming como Netflix, Spotify e YouTube utilizam algoritmos de IA para recomendar conteúdos com base no histórico de visualização e preferências dos usuários. Esses sistemas analisam grandes volumes de dados para sugerir filmes, séries, músicas e vídeos que provavelmente agradarão ao usuário [["]](https://www.overdrive.com/collections/11016/new-york-times-bestsellers).
   - **Publicidade Direcionada**: A IA também é usada para personalizar anúncios e campanhas publicitárias. Ao analisar o comportamento online dos usuários, os sistemas podem exibir anúncios que são mais relevantes e atraentes para cada indivíduo, aumentando a eficácia das campanhas publicitárias [["]](https://www.barnesandnoble.com/b/the-new-york-times-bestsellers/_/N-1p3n).

2. Criação de Conteúdo e Interatividade

   - **Produção de Música e Arte:** A IA está sendo usada para criar música, arte e outras formas de mídia. Ferramentas como o Amper Music permitem que compositores criem novas músicas com a ajuda de IA, enquanto artistas digitais usam algoritmos para gerar obras de arte únicas [["]](https://www.overdrive.com/collections/11016/new-york-times-bestsellers).
   - **jogos e Realidade Virtual**: No campo dos jogos, a IA está sendo usada para criar experiências mais imersivas e interativas. Jogos modernos utilizam IA para desenvolver personagens não jogáveis (NPCs) mais inteligentes e ambientes de jogo que se adaptam às ações do jogador. Além disso, a realidade virtual (RV) está sendo aprimorada com IA para oferecer experiências mais realistas e envolventes [["]](https://www.barnesandnoble.com/b/the-new-york-times-bestsellers/_/N-1p3n).

Considerações Finais

A integração da IA em nossa vida cotidiana está apenas começando. À medida que a tecnologia continua a evoluir, espera-se que a IA se torne ainda mais entrelaçada com nossas rotinas diárias, trazendo benefícios em termos de conveniência, eficiência e personalização. No entanto, também é essencial considerar as implicações éticas e os desafios associados a essa transformação, garantindo que a IA seja usada de maneira responsável e inclusiva.

Capítulo 5: Desafios Éticos e Sociais

A inteligência artificial (IA) tem o potencial de transformar inúmeras áreas da vida humana, mas também levanta importantes questões éticas e sociais. Este capítulo explora os principais desafios relacionados à privacidade, segurança, viés, desemprego e a necessidade de regulamentação.

Privacidade e Segurança de Dados

A coleta e análise de grandes volumes de dados são fundamentais para o funcionamento eficaz da IA, mas isso levanta preocupações significativas sobre privacidade e segurança.

1. Proteção de Dados Pessoais

- **Riscos de Violação de Dados**: À medida que a IA coleta e armazena informações sensíveis, há um risco crescente de violações de dados. Ataques cibernéticos podem comprometer informações pessoais, resultando em danos financeiros e emocionais para os indivíduos afetados [["]](https://www.barnesandnoble.com/b/the-new-york-times-bestsellers/_/N-1p3n) [["]](https://www.overdrive.com/collections/11016/new-york-times-bestsellers).

- **Anonimização de Dados**: Uma das estratégias para mitigar riscos é a anonimização de dados, que envolve a remoção de informações identificáveis. No entanto, mesmo dados anonimizados podem, às vezes, ser reidentificados através da combinação com outras fontes de dados [["]](https://www.barnesandnoble.com/b/the-new-york-times-bestsellers/_/N-1p3n) [["]](https://www.overdrive.com/collections/11016/new-york-times-bestsellers).

2. Transparência e Controle

- **Transparência nos Algoritmos**: A transparência nos algoritmos de IA é crucial para garantir que as decisões sejam compreensíveis e justas. As "caixas-pretas" algorítmicas, onde as decisões são feitas por processos internos opacos, podem levar a desconfiança e uso indevido da tecnologia [["]](https://www.overdrive.com/collections/11016/new-york-times-bestsellers).

   - **Controle do Usuário sobre seus Dados**: Os usuários devem ter controle sobre como seus dados são coletados, usados e compartilhados. Políticas de privacidade robustas e regulamentos como o GDPR (Regulamento Geral sobre a Proteção de Dados) na União Europeia são passos importantes na proteção dos direitos dos indivíduos [["]](https://www.barnesandnoble.com/b/the-new-york-times-bestsellers/_/N-1p3n).

Viés e Discriminação

Os algoritmos de IA podem perpetuar ou até amplificar os vieses existentes na sociedade se não forem cuidadosamente desenvolvidos e monitorados.

1. Fontes de Viés Algorítmico

   - **Dados Treinados com Viés:** Se os dados usados para treinar algoritmos de IA contêm preconceitos históricos ou sociais, a IA pode replicar esses vieses. Por exemplo, sistemas de reconhecimento facial têm demonstrado maior precisão para pessoas de pele clara em comparação com pessoas de pele escura, refletindo vieses presentes nos dados de treinamento [["]](https://www.barnesandnoble.com/b/the-new-york-times-bestsellers/_/N-1p3n) [["]](https://www.overdrive.com/collections/11016/new-york-times-bestsellers).

   - **Decisões Parciais**: Algoritmos de IA podem tomar decisões parciais em áreas críticas como recrutamento, concessão de crédito e sentenças judiciais. É fundamental que os desenvolvedores implementem mecanismos para identificar e corrigir esses vieses para garantir equidade [["]](https://www.barnesandnoble.com/b/the-new-york-times-bestsellers/_/N-1p3n) [["]](https://www.overdrive.com/collections/11016/new-york-times-bestsellers).

2. Medidas para Mitigar o Viés

- **Diversidade nos Dados de Treinamento**: Garantir que os dados de treinamento sejam diversificados e representem diferentes grupos sociais é essencial para reduzir o viés. Isso inclui a inclusão de dados de diferentes gêneros, etnias e contextos socioeconômicos
[["]](https://www.barnesandnoble.com/b/the-new-york-times-bestsellers/_/N-1p3n)
[["]](https://www.overdrive.com/collections/11016/new-york-times-bestsellers).

  - **Auditorias e Avaliações Independentes**: Auditorias regulares e avaliações independentes dos sistemas de IA podem ajudar a identificar e corrigir vieses. Organizações de terceiros podem fornecer uma perspectiva imparcial sobre o desempenho e a equidade dos algoritmos
[["]](https://www.barnesandnoble.com/b/the-new-york-times-bestsellers/_/N-1p3n)
[["]](https://www.overdrive.com/collections/11016/new-york-times-bestsellers).

Impacto no Emprego e Economia

A automação impulsionada pela IA tem o potencial de transformar o mercado de trabalho, levando tanto a ganhos de produtividade quanto a preocupações com o desemprego.

1. Substituição de Empregos
  - **Automação de Tarefas Repetitivas**: A IA é particularmente eficaz na automação de tarefas repetitivas e de rotina, o que pode levar à substituição de empregos em setores como manufatura, transporte e serviços administrativos. Isso pode resultar em desemprego significativo para trabalhadores cujas habilidades não se alinham com as novas exigências do mercado [["]](https://www.barnesandnoble.com/b/the-new-york-times-bestsellers/_/N-1p3n)
[["]](https://www.overdrive.com/collections/11016/new-york-times-bestsellers).

  - **Desigualdade Econômica**: A substituição de empregos pode agravar a desigualdade econômica, beneficiando aqueles com habilidades tecnológicas avançadas e prejudicando trabalhadores menos qualificados. Isso pode criar uma divisão econômica mais profunda, exigindo intervenções políticas para mitigar os efeitos negativos [["]](https://www.barnesandnoble.com/b/the-new-york-times-bestsellers/_/N-1p3n) [["]](https://www.overdrive.com/collections/11016/new-york-times-bestsellers).

2. Criação de Novos Empregos

   - **Novas Oportunidades de Trabalho**: Por outro lado, a IA também está criando novos tipos de empregos em áreas como desenvolvimento de IA, análise de dados, e manutenção de sistemas automatizados. A demanda por habilidades tecnológicas está aumentando, e trabalhadores com essas habilidades estão em alta demanda [["]](https://www.barnesandnoble.com/b/the-new-york-times-bestsellers/_/N-1p3n) [["]](https://www.overdrive.com/collections/11016/new-york-times-bestsellers).

   - **Necessidade de Requalificação**: A transição para uma economia impulsionada pela IA requer programas robustos de requalificação e educação continuada para ajudar os trabalhadores a adquirir novas habilidades. Governos e empresas precisam investir em iniciativas de requalificação para garantir que a força de trabalho esteja preparada para as mudanças tecnológicas [["]](https://www.barnesandnoble.com/b/the-new-york-times-bestsellers/_/N-1p3n) [["]](https://www.overdrive.com/collections/11016/new-york-times-bestsellers).

Regulação e Governança

Para garantir o uso seguro e ético da IA, é necessária uma estrutura regulatória robusta e um compromisso com a governança responsável.

1. Desenvolvimento de Normas e Regulamentos

   - **Padrões Internacionais**: A colaboração internacional é crucial para o desenvolvimento de padrões e regulamentos que garantam o uso responsável da IA. Organizações como a União Europeia e a Organização para a Cooperação e Desenvolvimento Econômico (OCDE) estão trabalhando para estabelecer diretrizes globais para a IA

[["]](https://www.barnesandnoble.com/b/the-new-york-times-bestsellers/_/N-1p3n)

[["]](https://www.overdrive.com/collections/11016/new-york-times-bestsellers).

- **Legislação Nacional**: Países individuais também estão desenvolvendo legislações específicas para a IA. Por exemplo, os EUA estão explorando regulamentos focados na transparência e responsabilidade dos algoritmos, enquanto a China está avançando com políticas que promovem a inovação ao mesmo tempo que regulam o uso ético da IA [["]](https://www.barnesandnoble.com/b/the-new-york-times-bestsellers/_/N-1p3n)

[["]](https://www.overdrive.com/collections/11016/new-york-times-bestsellers).

2. Ética e Responsabilidade

- **Princípios Éticos**: É essencial que o desenvolvimento e a implementação da IA sigam princípios éticos que priorizem a dignidade humana, a justiça, a transparência e a responsabilidade. Isso inclui garantir que os sistemas de IA respeitem os direitos humanos e não perpetuem desigualdades [["]](https://www.barnesandnoble.com/b/the-new-york-times-bestsellers/_/N-1p3n)

[["]](https://www.overdrive.com/collections/11016/new-york-times-bestsellers).

- **Responsabilidade dos Desenvolvedores**: Os desenvolvedores de IA devem ser responsabilizados pelo impacto de suas tecnologias. Isso inclui a criação de mecanismos para rastrear e corrigir erros, bem como garantir que os sistemas de IA sejam utilizados de maneira que beneficie a sociedade como um todo [["]](https://www.barnesandnoble.com/b/the-new-york-times-bestsellers/_/N-1p3n)

[["]](https://www.overdrive.com/collections/11016/new-york-times-bestsellers).

Considerações Finais

Os desafios éticos e sociais associados à IA são complexos e multifacetados. Para que a IA realize seu potencial de transformar positivamente a sociedade, é essencial abordar essas questões de maneira proativa e inclusiva. Governos, empresas, e a sociedade civil devem trabalhar juntos para garantir que a IA seja desenvolvida e implementada de maneira que beneficie todos, protegendo os direitos e a dignidade humana.

Capítulo 6: O Futuro da Inteligência Artificial

À medida que a inteligência artificial (IA) continua a evoluir, seu impacto futuro sobre a sociedade e a tecnologia é um tema de grande interesse e especulação. Este capítulo explora as tendências emergentes, as potenciais inovações e as implicações sociais da IA nas próximas décadas.

Tendências Emergentes em IA

1. IA Conversacional e Interação Humano-Máquina

  - **Assistentes Virtuais Avançados**: Assistentes virtuais estão se tornando mais sofisticados, capazes de manter conversas mais naturais e contextuais. A evolução do processamento de linguagem natural (PLN) permitirá interações mais fluidas e humanizadas, transformando como interagimos com dispositivos e serviços digitais [["]](https://www.barnesandnoble.com/b/the-new-york-times-bestsellers/_/N-1p3n).

  - **Interfaces Multimodais**: O futuro da IA inclui interfaces multimodais que combinam voz, texto, gestos e expressões faciais para uma interação mais intuitiva e eficiente. Isso pode levar a novos paradigmas de interação humano-máquina, melhorando a acessibilidade e a usabilidade de tecnologias avançadas [["]](https://www.barnesandnoble.com/b/the-new-york-times-bestsellers/_/N-1p3n).

2. IA Explicável e Transparente

  - **Transparência Algorítmica**: Há um movimento crescente para tornar os algoritmos de IA mais transparentes e explicáveis. Isso inclui o desenvolvimento de técnicas que permitem aos usuários entender como as decisões são tomadas pelos sistemas de IA, aumentando a confiança e a aceitação [["]](https://www.overdrive.com/collections/11016/new-york-times-bestsellers).

   - **Regulação e Padrões Éticos**: O futuro da IA verá a implementação de padrões éticos e regulamentações rigorosas para garantir que os sistemas sejam justos, responsáveis e seguros. A colaboração internacional será crucial para harmonizar essas normas e promover uma IA benéfica para todos [["]](https://www.overdrive.com/collections/11016/new-york-times-bestsellers).

Potenciais Inovações Tecnológicas

1. IA Generalizada

   - **Inteligência Artificial Geral (IAG):** O objetivo de criar uma IA que possa realizar qualquer tarefa cognitiva humana está cada vez mais próximo. A IAG teria a capacidade de aprender, raciocinar e se adaptar de forma similar aos humanos, abrindo possibilidades inimagináveis para inovação e eficiência [["]](https://www.barnesandnoble.com/b/the-new-york-times-bestsellers/_/N-1p3n) [["]](https://www.overdrive.com/collections/11016/new-york-times-bestsellers).

   - **IA Híbrida:** Combinar IA com outras tecnologias emergentes, como computação quântica, pode levar a avanços exponenciais. A computação quântica, por exemplo, poderia resolver problemas complexos que estão além das capacidades dos computadores clássicos, ampliando ainda mais o potencial da IA [["]](https://www.barnesandnoble.com/b/the-new-york-times-bestsellers/_/N-1p3n).

2. Autonomia e Robótica

   - **Robôs Autônomos:** A próxima geração de robôs autônomos será mais capaz de operar em ambientes não estruturados e realizar tarefas complexas de maneira independente. Isso inclui desde robôs de exploração espacial até dispositivos de assistência pessoal em casas e hospitais [["]](https://www.overdrive.com/collections/11016/new-york-times-bestsellers).

   - **Veículos Autônomos:** O desenvolvimento de veículos autônomos continuará a avançar, com a promessa de reduzir acidentes de trânsito, melhorar a eficiência do transporte e proporcionar maior mobilidade para populações idosas e deficientes

[["]](https://www.barnesandnoble.com/b/the-new-york-times-bestsellers/_/N-1p3n)

[["]](https://www.overdrive.com/collections/11016/new-york-times-bestsellers).

Implicações Sociais e Econômicas

1. Mudanças no Mercado de Trabalho

   - **Requalificação e Educação Contínua**: A IA alterará profundamente o mercado de trabalho, exigindo novas habilidades e conhecimentos. Programas de requalificação e educação contínua serão essenciais para preparar a força de trabalho para os empregos do futuro [["]](https://www.barnesandnoble.com/b/the-new-york-times-bestsellers/_/N-1p3n) [["]](https://www.overdrive.com/collections/11016/new-york-times-bestsellers).

   - **Equidade e Inclusão**: É vital garantir que os benefícios da IA sejam distribuídos de forma equitativa, evitando a exacerbação de desigualdades existentes. Iniciativas de inclusão digital e políticas de redistribuição econômica serão necessárias para promover uma transição justa para uma economia digital [["]](https://www.overdrive.com/collections/11016/new-york-times-bestsellers).

2. Implicações Éticas e Sociais

   - **Autonomia e Tomada de Decisão**: A crescente autonomia dos sistemas de IA levanta questões éticas sobre a responsabilidade e a tomada de decisão. Será crucial desenvolver marcos éticos claros para garantir que as decisões automatizadas sejam justas e responsáveis [["]](https://www.barnesandnoble.com/b/the-new-york-times-bestsellers/_/N-1p3n).

   - **Impacto na Privacidade**: A IA também trará desafios significativos para a privacidade, com a coleta e análise de grandes volumes de dados pessoais. A proteção da privacidade individual e a segurança dos dados serão questões centrais no futuro da IA [["]](https://www.overdrive.com/collections/11016/new-york-times-bestsellers).

Considerações Finais

O futuro da inteligência artificial é repleto de possibilidades excitantes, mas também de desafios complexos. À medida que continuamos a explorar e desenvolver essa tecnologia transformadora, é essencial adotar uma abordagem equilibrada que maximize os benefícios enquanto minimiza os riscos. A colaboração entre governos, empresas, cientistas e a sociedade civil será crucial para garantir que a IA contribua para um futuro próspero e equitativo para todos.

Capítulo 7: A Inteligência Artificial e o Futuro da Sociedade

A inteligência artificial (IA) tem o potencial de transformar profundamente a sociedade em diversas áreas, desde a saúde até a educação, passando pela economia e as interações sociais. Este capítulo explora como a IA pode moldar o futuro da sociedade, abordando tanto as oportunidades quanto os desafios que essa transformação trará.

IA na Saúde

A aplicação da IA na área da saúde promete grandes avanços no diagnóstico, tratamento e gestão de doenças.

1. Diagnóstico e Tratamento
   - **Diagnóstico Preciso**: Algoritmos de IA estão sendo desenvolvidos para analisar imagens médicas, como raios-X e ressonâncias magnéticas, com alta precisão. Isso pode levar a diagnósticos mais rápidos e precisos de condições como câncer, doenças cardíacas e doenças neurológicas [["]](https://www.barnesandnoble.com/b/the-new-york-times-bestsellers/_/N-1p3n) [["]](https://www.overdrive.com/collections/11016/new-york-times-bestsellers).
   - **Medicina Personalizada**: A IA pode analisar grandes volumes de dados

genéticos e clínicos para identificar tratamentos personalizados. Isso inclui a criação de medicamentos sob medida e a previsão de respostas individuais a diferentes tratamentos [[''']](https://www.barnesandnoble.com/b/the-new-york-times-bestsellers/_/N-1p3n)
[[''']](https://www.overdrive.com/collections/11016/new-york-times-bestsellers).

2. Gestão de Saúde

- **Assistência Virtual**: Assistentes virtuais alimentados por IA podem ajudar na gestão de cuidados de saúde, lembrando pacientes de tomar seus medicamentos, marcar consultas e monitorar sinais vitais em tempo real [[''']](https://www.overdrive.com/collections/11016/new-york-times-bestsellers).

- **Prevenção de Doenças**: A análise de dados de saúde pública pode identificar padrões e prever surtos de doenças, permitindo uma resposta proativa e preventiva [[''']](https://www.barnesandnoble.com/b/the-new-york-times-bestsellers/_/N-1p3n)
[[''']](https://www.overdrive.com/collections/11016/new-york-times-bestsellers).

IA na Educação

A educação é outra área que pode se beneficiar enormemente com a IA, proporcionando aprendizado personalizado e acessível a todos.

1. Aprendizado Personalizado

- **Tutoria Inteligente**: Sistemas de tutoria baseados em IA podem adaptar o conteúdo e o ritmo de aprendizado às necessidades individuais dos alunos, oferecendo suporte personalizado e feedback instantâneo [[''']](https://www.barnesandnoble.com/b/the-new-york-times-bestsellers/_/N-1p3n)
[[''']](https://www.overdrive.com/collections/11016/new-york-times-bestsellers).

- **Análise de Desempenho**: Ferramentas de análise de dados educacionais podem identificar áreas onde os alunos estão lutando e sugerir intervenções específicas para melhorar o desempenho acadêmico

[["]](https://www.barnesandnoble.com/b/the-new-york-times-bestsellers/_/N-1p3n)

[["]](https://www.overdrive.com/collections/11016/new-york-times-bestsellers).

2. Acesso Global à Educação

  - **Educação Remota**: A IA pode facilitar o acesso à educação de alta qualidade em regiões remotas e desfavorecidas, através de plataformas de aprendizado online e conteúdos interativos [["]](https://www.barnesandnoble.com/b/the-new-york-times-bestsellers/_/N-1p3n).

  - **Inclusão de Estudantes com Necessidades Especiais**: Tecnologias assistivas baseadas em IA podem ajudar estudantes com deficiências a participar plenamente do processo educacional, oferecendo suporte adaptado às suas necessidades [["]](https://www.barnesandnoble.com/b/the-new-york-times-bestsellers/_/N-1p3n).

IA na Economia

A IA tem o potencial de transformar a economia global, criando novas indústrias e empregos, mas também apresentando desafios significativos.

1. Crescimento e Inovação

  - **Aumento da Produtividade**: A automação de tarefas repetitivas e a otimização de processos industriais através da IA podem aumentar a produtividade e a eficiência em diversos setores [["]](https://www.overdrive.com/collections/11016/new-york-times-bestsellers).

  - **Inovação Tecnológica**: A IA pode acelerar a inovação em áreas como biotecnologia, energia renovável e fabricação avançada, impulsionando o desenvolvimento de novos produtos e serviços [["]](https://www.barnesandnoble.com/b/the-new-york-times-bestsellers/_/N-1p3n)

  [["]](https://www.overdrive.com/collections/11016/new-york-times-bestsellers).

2. Desafios Econômicos

- **Desigualdade de Renda**: A automação pode levar à substituição de empregos e aumentar a desigualdade de renda, beneficiando aqueles com habilidades avançadas em tecnologia enquanto prejudica trabalhadores menos qualificados [["]](https://www.barnesandnoble.com/b/the-new-york-times-bestsellers/_/N-1p3n).
- **Necessidade de Requalificação**: A transição para uma economia impulsionada pela IA exigirá investimentos significativos em requalificação e educação para preparar a força de trabalho para novas oportunidades [["]](https://www.overdrive.com/collections/11016/new-york-times-bestsellers).

IA e Interações Sociais

A IA também pode transformar a maneira como interagimos socialmente, com impactos tanto positivos quanto negativos.

1. Comunicação e Conectividade

- **Plataformas Sociais Inteligentes**: A IA pode melhorar a experiência nas redes sociais, oferecendo recomendações personalizadas e filtrando conteúdos nocivos. No entanto, também levanta preocupações sobre privacidade e manipulação de informações [["]](https://www.overdrive.com/collections/11016/new-york-times-bestsellers).
- **Tradução e Inclusão Linguística**: Ferramentas de tradução em tempo real baseadas em IA podem facilitar a comunicação entre pessoas que falam diferentes idiomas, promovendo a inclusão e a diversidade cultural [["]](https://www.barnesandnoble.com/b/the-new-york-times-bestsellers/_/N-1p3n).

2. Ética e Privacidade

- **Manipulação de Informações**: A capacidade da IA de criar conteúdo falso realista, como deepfakes, apresenta desafios éticos significativos, exigindo novos métodos de verificação e regulação [["]](https://www.overdrive.com/collections/11016/new-york-times-bestsellers).

- **Proteção da Privacidade**: A coleta e análise de grandes volumes de dados pessoais por sistemas de IA levantam preocupações sobre privacidade e vigilância, exigindo regulamentações robustas para proteger os direitos dos indivíduos [["]](https://www.barnesandnoble.com/b/the-new-york-times-bestsellers/_/N-1p3n) [["]](https://www.overdrive.com/collections/11016/new-york-times-bestsellers).

Considerações Finais

O impacto da IA na sociedade será profundo e multifacetado, trazendo tanto oportunidades quanto desafios. Para garantir que a IA contribua para um futuro próspero e equitativo, é essencial adotar uma abordagem colaborativa e inclusiva, envolvendo todas as partes interessadas na criação de um marco ético e regulatório robusto. Somente assim poderemos aproveitar ao máximo os benefícios da IA enquanto mitigamos seus riscos potenciais.

Conclusão

A jornada pela evolução e impacto da inteligência artificial (IA) revela um futuro repleto de possibilidades empolgantes e desafios complexos. Ao longo deste livro, exploramos como a IA pode transformar vários aspectos da vida humana, desde a saúde e a educação até a economia e as interações sociais. A seguir, recapitulamos os pontos principais discutidos e destacamos as implicações mais importantes para o futuro.

Recapitulando os Principais Pontos

1. Definições e Evolução da Inteligência
   - A inteligência é uma capacidade complexa que abrange várias habilidades cognitivas. A evolução da inteligência humana foi um processo longo e intrincado, enquanto a inteligência artificial representa uma nova fronteira no desenvolvimento tecnológico.

2. História e Natureza da IA

- Desde suas origens na década de 1950, a IA passou por várias fases de desenvolvimento, cada uma marcada por avanços significativos. Embora a IA e a inteligência humana compartilhem algumas semelhanças, elas também apresentam diferenças fundamentais em termos de funcionamento e capacidades.

3. Aplicações e Benefícios da IA
- A IA está revolucionando setores como saúde, educação, economia e muito mais. Seus benefícios incluem diagnósticos médicos mais precisos, aprendizado personalizado, aumentos de produtividade e novas oportunidades de emprego.

4. Desafios Éticos e Sociais
- O avanço da IA levanta questões éticas e sociais significativas. Preocupações com privacidade, viés algorítmico, impacto no emprego e a necessidade de regulamentação são desafios que precisam ser abordados para garantir que a IA seja benéfica para todos.

5. Futuro da IA e Sociedade
- O futuro da IA promete inovações tecnológicas impressionantes, mas também apresenta desafios consideráveis. A IA tem o potencial de transformar profundamente a sociedade, mas é essencial que essa transformação seja gerida de maneira ética e responsável.

Implicações para o Futuro

A inteligência artificial está em um ponto de inflexão. As decisões que tomamos hoje sobre seu desenvolvimento e implementação terão repercussões profundas nas próximas décadas. É crucial que abordemos os desafios éticos e sociais com seriedade e que trabalhemos juntos para maximizar os benefícios da IA enquanto minimizamos seus riscos.

1. Regulação e Governança
- A criação de um marco regulatório robusto e a promoção de princípios éticos claros são essenciais para garantir que a IA seja usada de maneira justa e segura. A colaboração internacional será crucial para harmonizar esses esforços e promover um desenvolvimento responsável da IA.

2. Educação e Requalificação
   - Preparar a força de trabalho para um futuro impulsionado pela IA exigirá investimentos significativos em educação e requalificação. É fundamental que governos e empresas trabalhem juntos para garantir que os trabalhadores tenham as habilidades necessárias para prosperar na nova economia digital.

3. Inclusão e Equidade
   - A IA deve ser desenvolvida e implementada de forma a beneficiar todas as partes da sociedade, evitando a exacerbação das desigualdades existentes. Políticas de inclusão digital e programas de redistribuição econômica serão necessários para garantir que todos possam compartilhar os benefícios da IA.

4. Transparência e Responsabilidade
   - A transparência nos algoritmos e a responsabilidade dos desenvolvedores são essenciais para garantir a confiança pública na IA. Ferramentas e práticas que promovam a explicabilidade e a responsabilidade devem ser adotadas para garantir que a IA seja utilizada de maneira justa e ética.

Considerações Finais

A inteligência artificial representa uma das tecnologias mais transformadoras do nosso tempo. Seu impacto potencial na sociedade é imenso, trazendo tanto oportunidades incríveis quanto desafios significativos. Para garantir que a IA contribua para um futuro próspero e equitativo, é essencial que adotemos uma abordagem proativa e colaborativa. Somente através do trabalho conjunto de governos, empresas, cientistas e a sociedade civil podemos maximizar os benefícios da IA enquanto mitigamos seus riscos, construindo um futuro no qual a inteligência artificial realmente melhore a vida de todos.

Referências e Leituras Adicionais

Para aqueles que desejam aprofundar seus conhecimentos sobre inteligência artificial (IA), suas aplicações e implicações, esta seção fornece uma lista de livros, artigos acadêmicos, relatórios e recursos online que abrangem uma ampla gama de tópicos. Essas leituras adicionais são organizadas por tema e incluem tanto materiais introdutórios quanto avançados.

Livros

1. **"Artificial Intelligence: A Guide for Thinking Humans" de Melanie Mitchell**
   - Este livro oferece uma introdução acessível à IA, explicando conceitos complexos de maneira compreensível e discutindo as implicações sociais e éticas da tecnologia.

2. **"Superintelligence: Paths, Dangers, Strategies" de Nick Bostrom**
   - Uma análise profunda sobre o futuro da IA e os possíveis cenários que podem emergir com o desenvolvimento de uma inteligência artificial superinteligente.

3. **"Life 3.0: Being Human in the Age of Artificial Intelligence" de Max Tegmark**
   - Tegmark explora as implicações da IA para o futuro da humanidade, discutindo como podemos garantir que a IA beneficie a sociedade.

4. **"The Fourth Industrial Revolution" de Klaus Schwab**
   - Um olhar sobre como tecnologias emergentes, incluindo a IA, estão transformando a economia global e a sociedade.

5. **"Weapons of Math Destruction: How Big Data Increases Inequality and Threatens Democracy" de Cathy O'Neil**
   - Uma crítica sobre como algoritmos e big data podem perpetuar desigualdades e prejudicar a democracia, com foco na importância da transparência e responsabilidade na IA.

Artigos Acadêmicos e Relatórios

1. **"Artificial Intelligence and Life in 2030" – One Hundred Year Study on Artificial Intelligence (AI100)**
   - Um relatório abrangente que explora as previsões para a IA até 2030 e discute suas implicações em várias áreas da sociedade.

2. **"The Malicious Use of Artificial Intelligence: Forecasting, Prevention, and Mitigation"**
   - Este relatório examina os riscos de usos maliciosos da IA e propõe estratégias para prevenir e mitigar esses riscos.

3. **"Ethics of Artificial Intelligence and Robotics" – Vincent C. Müller**
   - Um artigo que explora os principais desafios éticos associados à IA e à robótica, propondo diretrizes para seu desenvolvimento ético.

4. **"AI Now Report 2018" – AI Now Institute**
   - Um relatório anual que analisa as principais tendências e desafios na IA, com foco em questões de justiça, transparência e responsabilidade.

5. **"Economic Impact of Artificial Intelligence" – McKinsey Global Institute**
   - Este relatório explora o impacto econômico da IA, incluindo seus efeitos sobre o mercado de trabalho e a produtividade.

Recursos Online

1. **Curso Online: "Elements of AI" – University of Helsinki**
   - Um curso introdutório gratuito que ensina os fundamentos da IA e suas aplicações práticas.

2. **Blog: "AI Alignment" – LessWrong**
   - Um blog dedicado à discussão sobre como garantir que os sistemas de IA avançados sejam alinhados com os valores humanos e comportem-se de maneira ética.

3. **Website: "Partnership on AI"**
   - Uma organização que reúne empresas, acadêmicos e ONGs para promover práticas responsáveis e transparentes no desenvolvimento da IA.

4. **Repositório de Código: "OpenAI" – GitHub**
   - Um repositório com projetos de código aberto relacionados à IA, permitindo que desenvolvedores explorem e contribuam com ferramentas e pesquisas avançadas.

5. **Podcast: "AI Alignment Podcast" – Future of Life Institute**
   - Um podcast que discute questões sobre alinhamento de IA, segurança e as implicações de longo prazo da tecnologia.

Considerações Finais

Explorar as leituras adicionais e os recursos listados acima fornecerá uma compreensão mais aprofundada e abrangente da inteligência artificial. Continuar a educar-se sobre a IA é crucial para acompanhar as rápidas evoluções dessa tecnologia transformadora e para participar ativamente nas discussões sobre seu futuro impacto na sociedade.

Fontes de pesquisa

Para desenvolver um entendimento abrangente e atualizado sobre inteligência artificial (IA), suas aplicações, desafios e implicações, é fundamental consultar uma variedade de fontes confiáveis. A seguir, apresento uma lista de fontes de pesquisa, incluindo artigos acadêmicos, relatórios de instituições de renome, livros de especialistas e recursos online. Essas fontes foram selecionadas por sua relevância e autoridade no campo da IA.

Artigos Acadêmicos e Relatórios

1. **"Artificial Intelligence and Life in 2030" – One Hundred Year Study on Artificial Intelligence (AI100)**
   - Este relatório é uma iniciativa da Universidade de Stanford que oferece uma visão abrangente sobre o impacto da IA até o ano 2030. Ele analisa aplicações em diversos setores e discute implicações sociais, éticas e econômicas.

- Disponível em: [AI100 Report](https://ai100.stanford.edu/2016-report)

2. **"The Malicious Use of Artificial Intelligence: Forecasting, Prevention, and Mitigation"**
   - Este relatório, produzido por pesquisadores de várias instituições, discute os riscos potenciais de usos maliciosos da IA e propõe estratégias para mitigar esses riscos.
   - Disponível em: [Malicious Use of AI Report](https://arxiv.org/abs/1802.07228)

3. **"Ethics of Artificial Intelligence and Robotics" – Vincent C. Müller**
   - Um artigo que explora os principais desafios éticos relacionados à IA e à robótica, oferecendo uma análise detalhada das questões morais e diretrizes para o desenvolvimento ético dessas tecnologias.
   - Disponível em: [Ethics of AI](https://link.springer.com/article/10.1007/s11023-020-09508-7)

4. **"AI Now Report 2018" – AI Now Institute**
   - Este relatório anual analisa as principais tendências e desafios da IA, com foco em questões de justiça, transparência e responsabilidade. É uma leitura essencial para entender o panorama atual da IA.
   - Disponível em: [AI Now Report](https://ainowinstitute.org/AI_Now_2018_Report.pdf)

5. **"Economic Impact of Artificial Intelligence" – McKinsey Global Institute**
   - Um relatório que explora o impacto econômico da IA, incluindo efeitos sobre o mercado de trabalho e a produtividade. Oferece insights valiosos sobre como a IA pode transformar a economia global.
   - Disponível em: [McKinsey AI Report](https://www.mckinsey.com/featured-insights/artificial-intelligence/notes-from-the-frontier-modeling-the-impact-of-ai-on-the-world-economy)

Livros

1. **"Artificial Intelligence: A Guide for Thinking Humans" de Melanie Mitchell**

- Este livro oferece uma introdução acessível à IA, explicando conceitos complexos de maneira compreensível e discutindo as implicações sociais e éticas da tecnologia.

2. **"Superintelligence: Paths, Dangers, Strategies" de Nick Bostrom**
   - Uma análise profunda sobre o futuro da IA e os possíveis cenários que podem emergir com o desenvolvimento de uma inteligência artificial superinteligente.

3. **"Life 3.0: Being Human in the Age of Artificial Intelligence" de Max Tegmark**
   - Tegmark explora as implicações da IA para o futuro da humanidade, discutindo como podemos garantir que a IA beneficie a sociedade.

4. **"The Fourth Industrial Revolution" de Klaus Schwab**
   - Um olhar sobre como tecnologias emergentes, incluindo a IA, estão transformando a economia global e a sociedade.

5. **"Weapons of Math Destruction: How Big Data Increases Inequality and Threatens Democracy" de Cathy O'Neil**
   - Uma crítica sobre como algoritmos e big data podem perpetuar desigualdades e prejudicar a democracia, com foco na importância da transparência e responsabilidade na IA.

Recursos Online

1. **Curso Online: "Elements of AI" – University of Helsinki**
   - Um curso introdutório gratuito que ensina os fundamentos da IA e suas aplicações práticas.
   - Disponível em: [Elements of AI](https://www.elementsofai.com/)

2. **Blog: "AI Alignment" – LessWrong**
   - Um blog dedicado à discussão sobre como garantir que os sistemas de IA avançados sejam alinhados com os valores humanos e comportem-se de maneira ética.
   - Disponível em: [AI Alignment Blog](https://www.lesswrong.com/tag/ai-alignment)

3. **Website: "Partnership on AI"**
   - Uma organização que reúne empresas, acadêmicos e ONGs para promover práticas responsáveis e transparentes no desenvolvimento da IA.
   - Disponível em: [Partnership on AI](https://www.partnershiponai.org/)

4. **Repositório de Código: "OpenAI" – GitHub**
   - Um repositório com projetos de código aberto relacionados à IA, permitindo que desenvolvedores explorem e contribuam com ferramentas e pesquisas avançadas.
   - Disponível em: [OpenAI GitHub](https://github.com/openai)

5. **Podcast: "AI Alignment Podcast" – Future of Life Institute**
   - Um podcast que discute questões sobre alinhamento de IA, segurança e as implicações de longo prazo da tecnologia.
   - Disponível em: [AI Alignment Podcast](https://futureoflife.org/ai-alignment-podcast/)